DE

LA FRANCE

AU 1ER MAI 1822;

Par l'Auteur du *Système des Doctrinaires*, etc., etc.

PARIS,

A. EGRON, IMPRIMEUR-LIBRAIRE,

rue des Noyers, n. 37.

1822.

DE

LA FRANCE

AU 1er MAI 1822.

Dans tout gouvernement représentatif, l'approche périodique des élections est une époque d'effervescence, parce qu'alors toutes les passions sont en mouvement, et surtout celles qui tiennent à l'ambition, au désir d'augmenter sa fortune, son crédit ou sa dignité. Si, même dans les temps les plus paisibles, cette effervescence se fait sentir chez les Anglais, peuple froid, raisonneur, plus qu'aucun autre attaché à ses anciens usages et à ses vieilles institutions, combien plus doit-elle régner en France, nation vive, ardente, amoureuse de la gloire et de la renommée, dans le moment où elle sort d'une révolution, qui avait nivelé tous les rangs, et qu'avait momentanément remplacé une usurpation brillante de prestiges trompeurs, et qui, semblable aux récits fabuleux dont notre enfance a été bercée, nous a offert les sceptres et les couronnes, les pierres précieuses et l'hermine, les palais et les jardins enchantés, devenus tout-à-coup le partage de ceux que le sort avait fait naître pour gagner une modeste existence au prix de pénibles travaux ?

Le gouvernement représentatif, en succédant à ces deux situations également contraires à l'ordre social, offrit à leurs partisans quelques-uns des avantages qu'ils avaient recherchés dans l'un et dans l'autre. Les amis de la révolution y retrouvèrent l'égalité pratique, la facilité de parvenir à tous les emplois, l'anéantissement des priviléges, tandis que les soutiens de l'usurpation y virent conservés les titres, les honneurs, les décorations, que depuis plusieurs années ils regardaient comme leur patrimoine exclusif. Aussi de toutes parts se réunit-on pour vanter un système qui semblait devoir consacrer les rêveries des uns et perpétuer le pouvoir et les jouissances des autres.

Mais cette illusion ne pouvait durer long-temps. La Charte tempérait l'égalité représentative de la révolution par le principe de la justice et de la stabilité. La pompe du trône chez elle se fondait et s'appuyait sur le dogme de la légitimité : dès-lors, et les révolutionnaires, et les partisans de l'usurpateur ne purent tarder à devenir les ennemis d'un ordre de choses qu'ils avaient d'abord salué avec une sorte d'enthousiasme. Les premiers, parce que le pouvoir et la fortune ne se distribuant plus au gré d'un aveugle hasard, il fallut avoir quelque chose de plus que de l'impudence et du charlatanisme pour réussir ; les seconds, parce qu'accoutumés à ne voir la France que dans la personne du despote et à ne connaître d'autre mérite qu'un dévouement sans bornes à sa volonté, ils ne purent concevoir que d'anciens services dans lesquels leur idole n'entrait pour rien, pussent balancer l'honneur qu'ils avaient eu de combattre pour lui ou de ramper à ses pieds.

Les principaux des deux partis, ceux qui avaient de l'influence, de l'esprit ou des connaissances, se rendirent promptement compte de ce qui les embarrassait dans le Gouvernement représentatif sous les Bourbons, et ils sentirent en même temps et par la même raison, que ce gouvernement ne leur conviendrait jamais. Il n'en fut pas ainsi de la masse de leurs partisans. Jouissant de la paix, de l'abondance , de la sécurité sous un Gouvernement paternel , possédant à la fois et les avantages que l'ancien régime leur avait offerts , et ceux que la révolution leur avait promis, et ceux dont l'usurpation, en dépit de leur conscience, avait prétendu qu'elle les gratifiait, ils se détachaient à vue d'œil de leurs meneurs, dont le crédit s'évanouissait avec rapidité. C'était là un coup fatal qu'il fallait prévenir, et le moyen qui s'offrait était simple, facile et d'un effet immanquable, parce qu'il avait une apparence de vérité, ou plutôt parce que toutes les conséquences en étaient justes tandis que la base seule était fausse : il fallait dire que la Charte, fondement du Gouvernement représentatif, était violée ou non exécutée.

En effet, si l'on regai de la Charte comme le sceau de la révolution, ainsi que plusieurs écrivains l'ont soutenu ; si, partant de là , on prétend que l'égalité qu'elle consacre est une égalité parfaite, perpétuelle et qui rend tous les habitans de la France, indistinctement et sous tous les rapports égaux les uns aux autres, sauf les seules distinctions que *l'argent* ou les talens peuvent mettre entre les *individus*, il est certain que la Charte n'a point été exécutée et ne le sera jamais ; elle ne le sera pas davantage , si l'on pense qu'en consacrant les droits acquis elle ait voulu que depuis le grand dignitaire de l'empire , jusqu'au commis aux barrières, tout emploi donné par l'usurpateur doive être sacré pour le Roi légitime. C'est là cependant ce que l'on cherche à persuader au peuple , et quand on parle aux intérêts et aux passions , il n'est pas difficile d'obtenir un accueil favorable.

En attendant, si les divers ministères qui se sont succédés depuis la restauration avaient suivi une route franche, droite, uniforme; s'ils s'étaient d'abord rendu compte bien nettement de ce qu'ils devaient faire, pour l'exécuter ensuite avec courage et fermeté, sans s'inquiéter des murmures par lesquels on cherchait à les étourdir, à les effrayer, et à entraver leur marche; s'ils avaient réfléchi qu'une Charte concédée par un Bourbon, ayant pour base la justice, devait essentiellement être aussi éloignée des vagues et folles théories d'une liberté révolutionnaire que des prétendues constitutions dont un usurpateur cherchait à couvrir son despotisme; si, disons-nous, les précédens ministères avaient pensé et agi de cette manière, il y a fort long-temps que les séditieux ainsi que les ambitieux , réduits au silence , nous auraient laissé jouir en paix des bienfaits réunis de la légitimité et de la Charte. Au lieu de cela leur âme partagée entre le désir d'être justes, et l'effroi que leur inspiraient deux partis dont ils s'exagéraient la force, les moyens, et dont peut-être à quelques égards ils croyaient les réclamations fondées, flottait incertaine, et leur administration ne fut qu'une suite de concessions, tantôt à l'esprit révolutionnaire qu'ils craignaient ; tantôt à l'ambition mécontente qu'ils respectaient, parce qu'elle avait vraiment un côté estimable ; tantôt à la vérité dont la voix se faisait entendre de loin en loin à leur oreille.

La suite naturelle de ces concessions dut être de persuader aux esprits simples que la révolution et l'usurpation avaient toutes deux raison ; et la nécessité dans laquelle se trouvaient les plus influens de ces deux partis de les entretenir dans leurs erreurs et de l'augmenter encore, fut cause que tout acte du gouvernement qui s'éloignait le moins du monde, des principes de la révolution ou des intérêts de l'usurpation, leur parut une atteinte portée aux droits consacrés par la Charte : car il est assez curieux de voir comment, pour attaquer le gouvernement royal, les partisans des prétendues idées libérales, et ceux du despotisme le plus oppresif qui ait jamais pesé sur un peuple, semblent s'entendre au point de se servir des mêmes prétextes, d'employer les mêmes expressions, et de tendre au même but. Cette union pourrait surprendre si on ne se rendait pas un compte bien exact de la situation réciproque des deux partis.

Le libéralisme est rusé, plein de moyens, mais lâche; le buonapartisme est arrogant, despote, mais faible quand il n'a point de chef. De là vient que tant que l'usurpateur était à la tête du gouvernement, les libéraux pliaient en tremblant sous le joug, se contentant de quelques mots vides de sens, dont il les berçait; et feignant d'y croire, ils contribuaient, sans oser murmurer, à tous les projets du tyran. Maintenant les partisans de l'usurpation, perdus, isolés, plient à leur tour sous les libéraux dont ils servent les desseins, sans songer qu'ils seraient les premiers écrasés si jamais ces libéraux parvenaient au but de leurs désirs.

Cependant les concessions dangereuses des faibles ministères qui nous administraient nous avaient conduits au point que l'opinion publique faussée, la morale privée d'appui, la justice méconnue, mettaient la France à la merci du premier mouvement populaire, par lequel on eût tenté de renverser l'autorité royale, c'est-à-dire de remplacer la Charte par la constitution de 1791, ou par un des chimériques projets qui font maintenant le malheur des peuples du midi de l'Europe. Il n'y avait pas un moment à perdre. La France était ruinée si le faux et pernicieux système de concessions n'avait pas cédé promptement au véritable système de la Charte : c'est-à-dire à celui de la légitimité, de la justice et des droits réciproques.

Il était tout simple que dans un changement si grand, ceux qui voyaient ou feignaient de voir dans la Charte le triomphe des principes révolutionnaires , et ceux qui s'imaginaient qu'elle n'avait été donnée que pour consacrer leurs droits acquis, dûrent les uns et les autres crier qu'elle était violée, et cela précisément parce que l'on revenait à ses véritables bases. Les conspirations préparées de longue main saisirent ce moment pour éclater, quoiqu'elles ne fussent pas encore mûres ; mais trois motifs se réunissaient pour empêcher d'attendre plus long-temps. En premier lieu , il était possible qu'un plus long retard rendît le succès tout-àfait impossible; ensuite il se pouvait à la rigueur que l'une d'elles réussît; enfin elles servaient du moins à entretenir les gens de bonne foi dans leur illusion, en leur faisant croire que le mécontentement général se manifestait contre les actes du gouvernement, ce qui était d'autant plus absurde que le gouvernement n'avait encore eu le temps de rien faire; mais le fait est, comme nous l'avons dit, que ces conspirations n'étaient nullement dirigées contre le nouveau ministère : elles étaient les ramifications d'un projet qui couvait depuis long-temps, que la faiblesse de l'ancien ministère semblait devoir favoriser, et dont le but était de nous donner la constitution de 1791 ou celle des Cortès.

Cependant le nouveau ministère, qui joignait la prudence au sincère désir de faire le bien, sentait comme tous les honnêtes gens que ce bien lui-même ne saurait se brusquer. Il avançait lentement dans la route de la justice, s'efforçant surtout de ménager autant que possible les intérêts individuels. Cette marche si sage n'était pas celle que ses adversaires avaient annoncée; aussi les contrariait-elle plus encore peut-être que ne l'avait fait le changement même qui ajoutait de si grandes difficultés l'exécution de leurs projets. Dès-lors il fallut supposer les fautes, les injustices, les crimes qui ne se commettaient point et que cependant on avait à tant de reprises déclarés insépara-bles de l'existence d'un ministère royaliste. De là les accusations sans fondement, dont la tribune n'a cessé de retentir, accusations aus-sitôt réfutées que prononcées, et dont pas une seule n'a survécu au jour qui l'avait en-tendu proférer. L'opposition espérait prendre les ministres au dépourvu ; elle se flattait que tantôt ils ne voudraient point, tantôt ne pour-raient point répondre, et la moindre tergiver-sation de leur part laissait subsister, du moins dans l'esprit de ceux sur lesquels il était des-tiné à agir, le fait qu'elle avait ou inventé ou rendu méconnaissable. Au lieu de cela l'oppo-sition a trouvé les ministres prêts à répondre à tout : à peine avaient-ils abordé l'adminis-tration qu'ils semblaient déjà en avoir appro-fondi jusqu'aux moindres détails. Que l'on joigne à cela une franchise, une loyauté aux-quelles on n'était point accoutumé ; des pro-fessions de foi claires et nettes, des explica-tions sans détour sur tout ce qui pouvait convenablement en admettre, sans trahir les intérêts qui leur étaient confiés. Leurs adversaires, étonnés d'une conduite à laquelle ils ne s'étaient point attendus, firent succéder aux fausses accusations les cris de fureur de la méchanceté prise dans ses propres filets.

Ce fut alors que l'on entendit déclarer à la tribune que la France avait vu avec répugnance le retour des Bourbons; ce fut alors qu'un membre osa dire qu'il fallait abandonner les vieilles idées d'usurpation et de légitimité; ce fut alors que des députés, fatigués sans doute de l'honorable mission qu'ils avaient reçue, manquèrent à leur premier devoir en refusant de voter; ce fut alors enfin que s'élevèrent plus fréquentes que jamais les absurdes accusations de violation de la Charte, tant contre le ministère que contre le parti royaliste en général.

Mais quelles sont donc ces violations de la Charte, qui, s'il en faut croire les libéraux, entraîneront infailliblement le ministère à sa perte et dont le premier effet doit être de soulever toute la France à l'époque des élections prochaines, et de procurer une immense majorité libérale qui rétablisse nos libertés renversées ?

Nous n'avons sans doute pas besoin de parler de ces accusations dont le fait même sur lequel elles reposaient a été réfuté ; telle entre autres que celle de l'avancement militaire ; nous ne finirions pas s'il fallait répondre à des chimères ; mais examinons quelques-unes de celles qui sont avouées ou du moins douteuses. En autorisant les missions, on porte, dit-on, atteinte à la tolérance religieuse ; en maintenant la loi des électious, on attaque les droits des électeurs ; en supprimant le jury pour les délits de la presse, on viole l'article 65 de la Charte.

Quant au premier point, on ne peut s'empêcher de se demander si c'est réellement par respect pour la tolérance que l'on voudrait interdire les missions, et ce n'est qu'après s'être rappelé que les amis de la liberté n'ont jamais demandé la liberté que pour eux et l'esclavage pour les autres, que l'on commence à concevoir que le libre exercice de la religion déclarée par la Charte religion de l'Etat, peut être aux yeux des plus ardens défenseurs de la Charte en contradiction avec la tolérance. Les missionnaires attaquent-ils l'existence des cultes non catholiques ? S'opposent-ils au libre exercice de ces cultes ? Insultent-ils leurs ministres ? Il est impossible de le soutenir. On cite, à la vérité, deux ou trois conversions ; mais est-il étonnant que dans un pays où tous les cultes sont protégés, les esprits convaincus ou égarés passent de l'un à l'autre? D'ailleurs, le petit nombre des conversions que l'on cite et la fausseté démontrée des circonstances aggravantes dont on a cherché à les accompagner, suffisent pour prouver combien elles sont rares, puisque l'on n'aurait pas manqué d'en énumérer cent, ou vingt, ou dix, si l'on avait pû parvenir à les rassembler.

Les missionnaires ne troublent point l'exercice des cultes étrangers. Ils se bornent *au soin de la religion même qu'ils professent*, à ranimer l'amour de cette religion, amour trop affaibli par vingt-cinq ans de troubles et un intervalle d'athéisme. Ce n'est donc point à la tolérance religieuse qu'ils portent atteinte, et par conséquent ils ne violent point la Charte. Aussi les libéraux, qui ne sont pas moins que nous convaincus de cette vérité, se gardent-ils bien de porter cette accusation d'une manière aussi directe. Ils se bornent à dire qu'ils troublent l'intérieur des familles et raniment les haines éteintes. A dire vrai, nous nous étions imaginés jusqu'à présent que les missionnaires étaient des ministres de paix qui réconciliaient les hommes avec Dieu et avec leurs semblables; nous croyions que le mot de haine ne sortait de leur bouche qu'en parlant du vice et du péché, et nous nous persuadions que si par hasard quelque missionnaire égaré par son zèle se permettait de confondre momentanément le pécheur avec le péché, c'était une faute individuelle qui lui attirait de graves reproches de la part de ses supérieurs.

Mais en se plaignant des haines que font naître les missionnaires, n'aurait-on pas voulu parler exclusivement de celles qu'ils inspirent ? Pour celles-là, nous en convenons; mais faut-il empêcher l'homme charitable de répandre des bienfaits, parce que l'avare le voit de mauvais œil ? Faut-il condamner l'homme courageux parce qu'il offusque le lâche ? Faut-il refuser à la vertu sa récompense pour ne pas donner d'ombrage au vice ?

Nous demanderons à ceux qui s'opposent aux missions, sous le prétexte du trouble qu'elles portent dans les familles, s'ils ont eux-mêmes une religion et s'ils croyent à une vie future. On sent bien que nous ne prétendons point convaincre ceux qui répondraient négativement à cette question. La Charte protége toutes les religions, mais non l'absence de la religion. Les citoyens qui ne croyent à rien ont droit à la protection du Gouvernement pour leurs intérêts matériels et non pour leurs opinions, encore ne faut-il pas qu'ils se créent des *intérêts* qui choquent les *opinions* des autres. C'est là un principe fondamental qu'il faut reconnaître et dont on ne peut s'écarter, sans violer la loi divine, antérieure à la Charte et à tous les gouvernemens possibles. Quant à ceux qui, croyant à une religion quelconque, regardent néanmoins le prétendu trouble que les missionnaires occasionent comme un motif suffisant pour les proscrire, nous leur ferons observer que ce trouble ne saurait naître que de ce que, dans la même famille, les missionnaires réussissent à convertir un membre et échouent sur les autres, et nous leur demanderons ensuite si une seule âme gagnée pour le ciel n'est pas plus importante mille fois que dix âmes perdues, ou en d'autres termes si, pour le repos temporel de dix incrédules il faut sacrifier le bonheur éternel d'une âme qui ne cherche qu'à revenir à la vertu ? Nous n'ignorons pas que les esprits forts se moqueront de ce que nous venons de dire. Mais nous répétons que ce n'est pas pour eux que nous écrivons. A moins de nier la morale, le publiciste doit toujours supposer que les citoyens croyent en Dieu et à un monde à venir.

Mais cet intérêt si vif pour le repos des familles est-il bien réel, et ces réclamations n'auraient-elles pas un motif personnel et politique qui se cache sous le masque de l'humanité? Il n'est en effet que trop probable que la véritable cause de la haine et des persécutions auxquelles les missionnaires sont en butte, est la crainte des scrupules qu'ils pourraient faire naître sur la légalité de la possession des biens nationaux. Nous ne pouvons répondre à cela, sinon que c'est un malheur inséparable de la position où nous nous trouvons. Les propriétés nationales sont en tout semblables aux autres aux yeux de la loi humaine; mais elles sont fort différentes, considérées d'après la loi divine. L'homme religieux, possesseur de biens nationaux, ne tranquillisera sa conscience qu'à force de sophismes, et le curé comme le missionnaire ne peuvent à cet égard lui tenir qu'un seul et même langage. Laissons du reste à l'intérêt le soin de guider les résolutions des hommes. Il saura bien leur dicter des accommodemens avec leur conscience en dépit des missionnaires et de la religion, et jusqu'à présent nous n'avons pas entendu parler de grandes restitutions et de fortunes nouvelles subitement renversées par les soins empressés de ces pieux prédicateurs. Si de loin en loin ils obtiennent d'une âme vertueuse et timorée un léger sacrifice, soit en faveur du pauvre, soit en faveur d'illustres infortunés, faut-il pour ne pas déplaire à de rapaces héritiers, ou de peur de compromettre le principe sacré de la spoliation, envier ce faible triomphe de la religion et de la vertu sur l'avide amour du gain qui, plus encore que les lumières, est la marque distinctive de notre siècle.

Là loi des élections n'est point l'ouvrage du nouveau ministère. C'est une des concessions peu nombreuses que le soin de sa propre conservation a arrachées au ministère précédent en faveur de la justice. On ne cesse de répéter qu'elle viole la Charte, et nous ne cesserons de répondre qu'elle y est de tout point conforme. La Charte dit, article 40 : « Les élec- « teurs qui concourent à la nomination des « députés ne peuvent avoir droit de suffrage « s'ils ne paient une contribution directe de « trois cents francs, et s'ils ont moins de trente « ans. » Or, les citoyens qui payent 3oo fr. d'impositions directes, ont-ils cessé de concourir à la nomination des députés? Non : dès lors la Charte n'est point violée. L'est-elle davantage par le double vote? Non, certes. Quel est l'article de la Charte qui s'y oppose? Il est vrai que dans l'origine il n'existait pas; mais la Charte elle-même a prévu cette modification ou toute autre, en stipulant, article 35, que « l'organisation des colléges électoraux serait « déterminée par les lois. » Or, cet article n'a point de sens, ou l'organisation actuelle est légale, comme le serait toute autre que le Roi et les deux Chambres réunies jugeraient convenable de faire, pourvu qu'elle ne privât pas les citoyens payant 300 fr. d'impositions directes de *concourir* à la nomination des députés. Observez que la Charte ne dit pas même *concourir directement*. Si tout électeur payant 300 fr. ou davantage avait dû contribuer également et directement à la nomination des députés, une loi n'était pas nécessaire; il suffisait d'une ordonnance réglementaire, et l'article 40 de la Charte eût seul contenu toute la loi des élections; mais la Charte n'a pas voulu que cela fût ainsi; elle a fait pressentir une loi; cette loi a été faite, elle donne à la vérité un droit qui n'est pas spécialement nommé dans la Charte; mias elle n'enlève aucun de ceux qui s'y trouvent; elle n'est donc point contraire à la Charte.

On pouvait varier de mille manières l'exercice du droit d'élection ; tant que les citoyens payant 3oo fr. ne cessaient point de le posséder, on ne s'éloignait point du terrain de la Charte. Supposons que le législateur eût dit : chaque citoyen aura autant de votes qu'il paye de fois 3oo fr. , l'influence de la grande propriété eût été encore bien plus marquée, et la Charte n'eût pas pour cela été violée.

Passons à la loi sur la presse. Loin que la suppression du jury, dans les jugemens en matière de libelles, soit une infraction à la Charte, elle a été au contraire rétablie dans sa pureté par cette suppression. L'article 65 porte : « L'ins-« titution des jurés est *conservée*. Les change-« mens qu'une plus longue expérience ferait « juger nécessaires, ne peuvent être effectués « que par une loi. » Cet article indique claire-ment que la Charte n'a prétendu appliquer le jury qu'aux mêmes cas auxquels il s'appliquait avant sa promulgation. Remarquez, en outre, la négation qui accompagne la supposition d'un changement, tournure qui prouve que l'auteur de la Charte a simplement eu pour but de ne point exclure la possibilité d'un change-ment, sans néanmoins la recommander ou la désirer. Or, une loi avait effectivement *changé* cette institution pour l'appliquer aux délits de la presse ; plus tard, on a senti l'inconvénient de cette loi, et on l'a abrogée. Nous nous retrouvons donc dans la position où nous étions à l'établissement de la Charte. La première loi la changeait ; la seconde la rétablit. Il est impossible que nos adversaires nient ce point de fait. Mais il y a en outre une foule de considérations de la plus haute importance à ce sujet. Il est incontestable que lorsque l'esprit de parti est poussé à un très-haut point, comme il l'est malheureusement chez nous, des jurés sont les plus mauvais juges que puissent avoir des écrivains politiques, parce qu'ils sont eux-mêmes parties dans la cause qu'ils jugent. On a si bien senti cette vérité en Angleterre, que ce n'est que quatre-vingt-dix-huit ans après l'établissement de la liberté de la presse que l'on a fait cesser l'exception unique qui enlevait aux jurés l'appréciation du libelle. D'ailleurs, pour démontrer la justesse de notre observation, ne suffirait-il pas de citer le dernier arrêt rendu en cette matière, à Paris, où l'on a vu douze jurés déclarer qu'un livre vendu n'avait pas été vendu par le libraire qui l'avait vendu ; et si l'imprimeur avait été mis en cause, ils auraient probablement aussi déclaré que ce livre n'avait pas été imprimé par l'imprimeur qui l'avait imprimé. Telles sont les absurdités auxquelles on entraîne les hommes, lorsqu'on met forcément en contact leur conscience avec les intérêts de leurs opinions et de leur amour-propre.

En résumé donc, les missions ne sont pas contraires à la Charte parce qu'elles ne sont que l'exercice d'une religion pour le moins tolérée ; la loi des élections ne l'est pas davantage puisqu'elle ne prive pas de leur vote les citoyens payant 300 fr. d'impositions directes ; enfin la loi sur la presse est encore conforme à la Charte : car elle n'ôte pas au jury la connaissance des *crimes*, seule attribution que la Charte lui ait donnée. Ce sont là les trois plus graves reproches que l'on ait faits à l'administration, et nous avons démontré d'une manière incontestable pour toute personne de bonne foi que ces reproches sont dénués de fondement. Il en serait de même si nous suivions tous les points contestés, dont le plus grand nombre est si frivole, si ridicule même que nos lecteurs nous accuseraient avec raison d'abuser de leur patience et de les traiter en imbécilles, si, reprenant le cours des séances de la Chambre, nous voulions montrer au doigt toutes les absurdités qui, durant le cours de cette session, ont été données, comme dit Figaro, pour de *bonnes grosses vérités*. Nous aimons mieux poser quelques axiomes, dont les uns dériveront de ce que les Anglais appellent la loi commune, c'est-à-dire la raison suprême, et dont les autres reposent sur la Charte elle-même, en engageant ceux d'entre mes lecteurs qui pourraient avoir des doutes sur les allégations qu'ils trouvent dans les écrits du jour, ou qui leur sont faites dans les conversations, de les rapporter à nos axiomes, et de juger en conséquence, soit de la vérité des faits, soit de la bonne foi de ceux qui les rapportent.

1° La légitimité est le fondement sur lequel repose notre Gouvernement et la Charte elle-même. Le premier principe de la légitimité, non-seulement en France, mais dans tous les pays où elle est reçue, est que *le Roi ne meurt point*. Partout où ce principe est mis en doute, la constitution est une monarchie élective plus ou moins déguisée, et non une monarchie héréditaire; et ceux qui en France ne reconnaissent pas ce principe, dans toute sa rigueur, veulent, non point *maintenir*, mais *changer* la Charte.

2° Ce principe étant inséparable, comme nous venons de le dire, de toute monarchie héréditaire, on ne saurait y supposer un seul moment d'interrègne, à moins de l'extinction totale de la Famille régnante. La captivité, la démence, la guerre civile, peuvent suspendre l'exercice de l'autorité royale, mais n'interrompt point le règne. Ainsi, pendant la révolution, le Roi se voyait, à la vérité, hors d'état d'*exercer* l'autorité royale, mais il n'en était pas moins roi de France, et il a eu raison de dater la Charte de la dix-neuvième année de son règne.

3° Le Roi étant autrefois en France le seul pouvoir législatif, tout ce qui a été fait en son absence était illégal; mais par la même raison, il a suffi de sa déclaration pour légaliser tout ce qui avait été fait, et cette déclaration une fois rendue, les actes illégaux par eux-mêmes sont devenus aussi légaux que s'ils avaient été faits en présence et par l'ordre du Roi.

4° Par la même raison encore, le Roi seul avait le droit de donner une Charte constitutionnelle. Cette Charte n'est point un pacte ; c'est une loi fondamentale qui engage le Roi et ses successeurs. Désormais les lois devront être rendues d'après les formes indiquées dans la Charte ; mais ces formes n'étaient pas nécessaires pour rendre la Charte elle-même.

5° La Charte se compose de quatre sortes d'articles, savoir : d'articles fondamentaux, d'articles réglementaires, d'articles consacrant des droits particuliers et d'articles transitoires.

6° La première et la troisième sorte d'articles sont irrévocables et perpétuels ; la quatrième espèce est irrévocable sans être perpétuelle ; la deuxième peut subir des changemens par l'accord des trois branches du pouvoir législatif, sans que ces changemens portent aucune atteinte à la Charte.

7° Au nombre des articles fondamentaux, nous comptons celui qui déclare la religion catholique religion de l'État, en accordant le libre exercice des autres cultes chrétiens ; celui qui partage le pouvoir législatif en trois branches ; celui qui déclare tous les Français égaux *devant la loi,* etc. Ces articles, comme nous l'avons dit, sont irrévocables et perpétuels ; rien ne saurait y porter atteinte. (Nous n'avons point compté parmi ces articles l'ordre de successibilité au trône : car il ne fait point partie de la Charte; il en est dehors et indépendant. Le Roi qui renoncerait ou violerait la Charte serait un tyran, mais n'en serait pas moins roi légitime. La Charte est le mode du Gouvernement du Roi, et n'en est point la condition.)

8° La tolérance de tous les cultes reconnus n'emporte pas la tolérance du déisme : de même qu'avant la révolution, tout Français était censé catholique, aujourd'hui tout Français est censé professer un des cultes reconnus, et ne peut s'autoriser du principe de la tolérance pour les insulter, ni même pour les braver tous publiquement.

9° Les articles consacrant des droits particuliers et qui comme les précédens sont perpétuels et irrévocables, sont entr'autres l'inviolabilité des biens nationaux et l'article 71 sur la noblesse.

10° On viole la Charte lorsqu'on manque au respect dû à la noblesse soit ancienne, soit nouvelle. Ceux qui veulent une monarchie sans noblesse héréditaire veulent une chimère et une absurdité. On ne peut s'en passer que sous

le despotisme d'un seul , ou sous la démocratie
la plus complète. Dans tout autre gouvernement la noblesse héréditaire est la plus haute
récompense des belles actions. Il n'a jamais
existé de monarchie tempérée sans noblesse.
C'est une grande erreur de prétendre que dans
la Grande - Bretagne il n'y a pas d'autre noblesse que la pairie. Les chevaliers - baronets
forment une véritable noblesse héréditaire
ainsi que les seigneurs d'Ecosse, et d'Irlande. Il
y a encore une noblesse à vie, comme les chevaliers des ordres, qui jouissent, ainsi que leurs
femmes, d'un titre distinctif ; les fils cadets de
pair qui portent celui d'*honorable*, et quelques
magistrats qui s'intitulent de *très-honorables*,
même après l'expiration de leurs fonctions,
(par exemple, le lord-maire de Londres). La
noblesse héréditaire, d'après la Charte, ne
peut jouir d'aucun privilége législatif ou pécu-
niaire , mais elle peut et doit avoir tous les priviléges honorifiques, qu'on pourra imaginer :
la préséance aux cérémonies publiques, des places distinguées, etc. : car ces nobles ont mérité
et obtenu , dans leurs personnes ou dans celles
de leurs ancêtres , la plus belle récompense
qu'a pu donner le souverain, *source des grâces*.

11° La Charte, à la vérité, a aboli les priviléges ; mais d'une part, une simple distinction n'est point un privilége ; et de l'autre un privilége même n'en est point un , lorsqu'il ne dépend que de la position individuelle de celui qui en jouit et qu'il suffit pour en jouir d'en avoir la volonté et de se soumettre à certaines règles. Le privilége, pour être contraire à la Charte, doit emporter l'idée d'une exclusion volontaire et forcée.

12° Indépendamment des articles indiqués comme transitoires dans la Charte, nous plaçons dans ce rang tous ceux qui garantissent des droits qui doivent cesser d'exister ; tels sont les articles 69 et 11. Ainsi c'est à tort que l'on a voulu appliquer à la rébellion de 1815 , l'amnistie accordée aux opinions et aux votes émis *jusqu'à la restauration.*

13° Enfin les articles réglementaires sont nombreux. *Ils peuvent tous être changés par l'accord des trois branches du pouvoir législatif, sans que pour cela la Charte soit violée.* Ainsi l'article 12 abolissait la conscription , parce que le législateur s'était flatté que les engagemens volontaires suffiraient. Ils n'ont point suffi ; dès-lors il a fallu changer cet article ou n'avoir point d'armée. Tels sont encore les arti-cles qui fixent le nombre des députés et le mode de renouvellement de la Chambre. Il serait absurde de dire que des changemens dictés par les circonstances et mûrement délibérés, conformément aux lois, rendissent les Français plus ou moins libres.

Les axiomes que nous venons de poser sont incontestables, et renferment les vrais principes de la monarchie française, depuis l'établissement de la Charte. Ceux qui les nient ne veulent point de cette Charte, et leurs protestations ne devraient tromper personne.

C'est surtout au moment de l'approche des élections que chaque citoyen doit bien se pénétrer, et de ce qu'il veut lui-même et de ce que veulent ceux qui s'efforcent de capter sa confiance. Nous sommes bien intimement convaincu qu'à l'exception de ceux dont les intérêts, soit de fortune, soit d'amour-propre, les poussent à vouloir un changement dans les bases fondamentales de notre constitution, qu'ils voudraient remplacer par un gouvernement chimérique, qui n'existe que dans d'absurdes théories ou dans les dangereux et funestes essais dont s'épouvante aujourd'hui le midi de l'Europe ; à l'exception, disons-nous, de ces individus-là, tout le reste de la France, heureux de la liberté que la Charte lui a assurée, et plein de confiance dans les bontés paternelles de son Roi, ne demande que le repos, la tranquillité et la Charte avec tout ce qui en dépend ; avec la religion, base de toute morale et de toute probité ; avec la justice, seule garantie de la propriété ; avec les distinctions, noble récompense du courage ou des travaux utiles ; avec une répression sévère de la licence de la presse, pour maintenir l'honneur des lettres françaises ; enfin avec une prérogative royale, forte et étendue, pour tenir en respect les malveillans, les assassins, les incendiaires et les conspirateurs.

C'est depuis que les rênes de l'administration ont été confiées pour la première fois à un ministère vraiment royaliste que nous pouvons enfin nous flatter de jouir des bienfaits de cette Charte, qui bien comprise offre tous les élémens nécessaires au bonheur d'un peuple ; et la certitude de l'avenir propice qui s'annonce pour la France redouble la rage insensée des ennemis de leur pays et de ceux qui ne peuvent exister que dans le trouble. C'est à cela qu'il faut attribuer tout ce qui s'est passé depuis quatre mois; et nous ne craignons pas de dire que les moyens mêmes dont les factieux espéraient se servir pour ôter la confiance au gouvernement, n'ont fait que l'affermir davantage. Les séditions nombreuses aussitôt étouffées que connues, et cela dans un moment où le ministère entrant en fonctions était encore en grande partie obligé de s'en reposer sur ses ennemis, prouvent ce qu'il saura faire quand son système sera pleinement organisé. Les cris de fureur qu'ont poussés les ennemis du nouveau système, sont une preuve de plus de son excellence. Quand on a raison, on ne s'emporte pas, on ne prodigue pas les calomnies et les outrages. La seule comparaison de la conduite des royalistes en 1817 avec celle des libéraux en 1822, suffira aux yeux de tous les gens de bonne foi pour montrer de quel côté sont la vérité et la justice.

Si la France doit une vive reconnaissance à l'administration actuelle, elle en doit beaucoup aussi au côté droit de la Chambre qui l'a soutenue. Sa conduite a été strictement constitutionnelle. Dans cette conviction nous n'avons pu nous empêcher d'être surpris d'une objection que nous avons entendu faire par des personnes honnêtes et de très-bonne foi. On a accusé le côté droit d'un trop grand dévouement aux ministres.

La Chambre ne se compose pas d'une réunion d'individus dont chacun suit ses opinions particulières, propose, approuve ou rejette à son gré. Une telle assemblée ne servirait qu'à embrouiller les affaires et n'arriverait jamais à aucun résultat utile. Elle se divise naturellement en deux portions inégales, dont l'une soutient l'autorité et dont l'autre la combat. L'autorité est toujours obligée de marcher avec la plus grande portion, ou plutôt elle en fait partie, et cette portion, appelée majorité, est obligée à son tour de soutenir l'autorité qui est tirée de son sein. D'ailleurs, dans un gouvernement représentatif, toutes les grandes places changent avec les ministres. Ceux qui les occupent sont eux-mêmes tirés de cette majorité, et il est rare par conséquent que les propositions ministérielles parviennent à la Chambre sans être assurées d'avance de l'approbation de la majorité. Si cela n'était pas ainsi, l'administration du royaume deviendrait impossible; chaque projet du Gouvernement courrait risque d'être combattu, même par ses amis; les sessions deviendraient interminables, les ministres seraient sans cesse harcelés, et verraient à chaque instant s'échapper de leurs mains la majorité, seul instrument par lequel ils puissent gouverner. Ainsi la majorité a fait son devoir en soutenant l'administration, comme la minorité a suivi son intérêt particulier en la combattant; et les citoyens qui sont appelés à voter dans les colléges électoraux doivent bien se pénétrer de cette grande vérité : que le patriotisme de ceux qui sont *hors de place* n'est presque jamais qu'un masque dont ils couvrent leur égoïsme et leur orgueil.

FIN.

PARIS, DE L'IMPRIMERIE D'A. EGRON,

rue des Noyers, n. 37.

www.ingramcontent.com/pod-product-compliance
Lightning Source LLC
Chambersburg PA
CBHW061343050726
47595CB00005B/2059